RÉFLEXIONS

SUR

LA MUSIQUE.

ERRATA.

Page 15, ligne 7 : *& démêler l'origine*, lisez *& en démêler l'origine.*

Pag. 22, ligne dernière : *l'on n'en évalue*, lisez *on n'en évalue.*

Pag. 32, ligne 8 : *son observation tient donc,* supprimez *donc.*

Pag. 39, lignes 10 & 11 : *l'oreille habituée aux conventions ;* supprimez *habituée aux conventions.*

Note 4°., ligne première : *rendit*, lisez *n'avoit pas rendu.*

RÉFLEXIONS

SUR

LA MUSIQUE,

OU

Recherches sur la cause des effets qu'elle produit.

Par M. V****.

A AMSTERDAM.

Et se trouve A PARIS,

Chez NYON l'aîné, Libraire, rue du Jardinet.

M. DCC. LXXXV.

AVANT-PROPOS.

LES difcuffions qui s'élevèrent, il y a quelques années, fur la préféance entre la *Mufique Italienne* & la *Mufique Françaife*, donnèrent lieu aux réflexions que je préfente aujourd'hui. Je crus entrevoir que la diverfité des opinions tenoit à la diverfité des goûts. On fait combien les préjugés influent fur les jouiffances de l'efprit : fon domaine eft celui de l'imagination ; & ce domaine eft immenfe. Il reffemble à ces vaftes contrées, où des nations vagabondes choififfent un domicile, qu'elles abandonnent quelquefois par néceffité, & le plus fouvent par in-

conftance. La mobilité eft donc le caractère du goût dans les ouvrages d'efprit,
dont les beautés de convention doivent
varier comme les lieux, les âges & les
circonftances.

Mais ce qui tient au fentiment eft
fondé fur une bafe inaltérable. Le cœur
de l'homme eft par-tout effentiellement
le même : le fentiment aura donc par-
tout le même caractère & la même
expreffion. Ľ́a fcène attendriffante qui
fait couler des larmes à Paris, arrachera
des pleurs dans tous les endroits où la
nature aura placé des êtres fenfibles.
Le goût s'attachant aux formes, pourra
bien imprimer un cachet particulier
aux productions fentimentales des divers
pays ; mais le développement du cœur
humain, mais le tableau naïf & fidelle
de fes affections, affecteront également

les hommes de tous les temps & de tous les lieux.

En examinant la Mufique fous ce point de vue, on eft forcé de conclure que foumife, quant à l'expreffion même, aux caprices des temps & des nations, elle doit être rangée dans la claffe des arts de pure convention. Il feroit, en effet, abfurde de contefter aux peuples leurs fenfations : &, pour auffi féduifant, auffi naturel, qu'un art nous paroiffe, s'il ne produit pas par-tout les mêmes impreffions, à coup sûr il eft fondé fur des principes particuliers & fur des règles arbitraires. Ces réflexions me conduifirent à analyfer les moyens de l'art, en remontant, depuis la fource du plaifir le plus fimple qu'il nous procure, jufques à ces émotions profondes qu'il nous fait éprouver. Tel fut l'objet de ces recherches, lues, en 1776, dans une féance particulière (1) d'une Société littéraire, & enfuite dans une de fes affemblées publiques.

Prétendre que la mélodie étoit l'ouvrage de l'art, & que la Mufique n'étoit pas expreffive, c'étoit chercher des contradicteurs. Ce n'eft pas un petit triomphe pour moi, que de pouvoir leur oppofer aujourd'hui le fentiment d'un homme, dont la réputation eft faite, & le mérite reconnu. M. *de Chabanon*, dans un ouvrage qu'il vient de publier fur la Mufique, lui refufe, en effet, tout caractère d'imitation. J'avois été plus loin. Ne voyant dans la nature aucun modèle de notre échelle, aucune trace de nos intonations ; convaincu que les plus habiles Muficiens avoient fait de

____

(1) Tenue chez M. le comte DE LA CEPÈDE.

vains efforts pour affigner les principes
naturels de la mélodie; ne voyant aucun
rapport avec telle combinaifon de fons
& les plaifirs qu'ils procurent à l'oreille;
n'appercevant aucune analogie entre
des rapports numériques & des fenfations agréables; éprouvant même des
fenfations agréables là où l'on eft bien
sûr que ces rapports n'exiftent pas,
j'avois foupçonné que notre manière de
mefurer les fons étoit arbitraire, fans
rapport naturel avec nos affeétions, non
plus que toutes les règles de notre mélodie. De ce principe il fuit que les
fons, que nous regardons comme inap-
préciables, ne font tels, que parce qu'ils
ne coïncident pas avec les mefures qu'il
nous a plu de choifir. La nature ne
fournit rien d'abfolu : l'efpèce d'unité,
dont on fe fert pour mefurer l'étendue,

n'eſt pas déterminée par la nature de la grandeur. Il m'a paru que cette réflexion étoit applicable à l'évaluation du rapport des ſons, comme elle l'eſt à la meſure des autres ſenſations.

Je ne voyois enfin que deux manières de trouver notre intonation dans la nature. Il faut néceſſairement qu'elle ait été donnée par la décompoſition du chant naturel, ou par une loi de notre organiſation, qui force impérieuſement la voix de ſe porter ſur nos intervalles. J'ai tâché de faire voir les difficultés & l'impoſſibilité même du premier cas, & les doutes inſolubles qu'on peut former ſur le ſecond.

M. *de Chabanon* eſt forcé d'admettre un inſtinct muſical, juge naturel du beau en Muſique. Qu'eſt-ce que la Muſique? c'eſt, dit M. *de Chabanon*, l'art des fons (1). Mais alors on peut définir l'Architecture, l'art des pierres. Eft-ce dire autre chofe, finon que la Mufique eft la Mufique ? Selon M. *de Chabanon,* le beau (2) en Mufique confifte dans une mélodie fimple, naturelle, neuve & piquante. Qu'eft-ce donc que la mélodie ? M. *de Chabanon* l'a déjà dé-finie, *une fucceſſion de fons d'une durée déterminée, dont l'intonation appré-ciable à l'oreille, doit, pour répondre aux vues de l'art, toujours la flatter.* Mais, 1°. par quoi doit être déterminée la durée des fons ? ce ne peut être que par les loix mêmes de la mélodie, ou par des conventions que M. *de Chaba-non* n'y admet pas. 2°. Une intonation n'eft appréciable à l'oreille, que parce

---

(1) Réflex. prél., pag. 1.
(2) Pag. 364.

que l'oreille eſt exercée à l'intonation.
Ainſi la définition de M. *de Chabanon*
me paroît ſe réduire à celle-ci : La mélodie
eſt une ſuite de ſons d'une durée déterminée *par la mélodie*, dont l'intonation
appréciable à l'oreille *exercée à cette
intonation*, doit, pour répondre aux
vues de l'art, toujours la flatter. Outre
l'inconvénient de nous engager dans un
cercle vicieux, on voit tout ce que la
définition de M. *de Chabanon* offre de
vague & d'indéterminé, & combien
elle eſt peu propre à nous donner l'idée
de cette ſimplicité & de ce naturel, qui,
dans la mélodie, fait, ſelon lui, le
caractère du beau. C'eſt, dit M. *de
Chabanon*, (1) avec des brunettes
naïves, avec des menuets, des barca-
roles, des allemandes, que nous pou-

---

(1) Pag. 364.

vons faire le tour du monde , fans dé-
payſer la Muſique : (cela peut être)
donc , conclut M. *de Chabanon* , il y a
dans la Muſique un vrai beau. Mais ,
pour conclure ainſi , n'eût-il pas fallu
être de retour du voyage ?

Convaincu par le ramage des oiſeaux ,
que les ſons peuvent nous plaire indé-
pendamment des règles de notre mélodie , j'entends par *mélodie* , toute ſuc-
ceſſion de ſons qui flatte l'oreille , mais
dont le charme , toujours relatif, tient
moins peut-être à l'organiſation , qu'aux
diſpoſitions particulières de chaque individu. L'art qui aſſujettit la mélodie à
des loix , eſt pour nous *la Muſique.*
Sous ce point de vue , elle eſt ſimple-
ment *chantante.* Elle devient *théâtrale,*
lorſqu'elle s'aîde de moyens acceſſoires
pour arriver à l'expreſſion. Alors le *beau*

en Mufique, fe compofe du *chant mu-*
fical, dont j'effaie de fixer l'origine;
& de l'*expreffion*, dont je développe la
fource.

Je rejette donc l'inftinct ou le fentiment intime, que nous invoquons lorfque le flambeau de l'analyfe s'éteint
entre nos mains, comme étant l'effet
d'une infinité d'habitudes & de conventions tacites, naturalifées, pour ainfi
dire, en nous. C'eft cet inftinct qui
conftitue la fineffe & la délicateffe du
goût, toujours enfant de l'habitude,
lorfqu'il ne prononce pas fur des convenances, dont le jugement puiffe affigner
la raifon.

Forcé d'attribuer à l'habitude les
grands moyens de la Mufique, je
crois devoir conclure que c'eft de
la précifion, &, par conféquent, de

conventions bien déterminées , qu'elle tire toute fa force. Je tâche d'expliquer par-là les effets incroyables de la Mufique chez les Grecs. Tels font les points fur lefquels je diffère d'avec M. *de Chabanon.* Je me fuis fait une loi de ne rien changer d'effentiel à mon Mémoire , depuis la lecture publique que j'en ai faite. Mon intention eft de faire connoître mon opinion , & non de contrarier celle de perfonne.

RÉFLEXIONS

SUR

LA MUSIQUE.

T EL eſt l'empire qu'exercent ſur nous les beaux-arts : la raiſon, même la plus éclairée, a de la peine à ſe défendre de leurs preſtiges. Pour échapper à la ſéduction, le philoſophe eſt, pour ainſi dire, obligé de fermer les oreilles & les yeux. Il faut qu'il ſe dérobe à la magie des effets, s'il veut en découvrir la cauſe, & démêler l'origine.

Malheur cependant à l'artiſte, & ſur-tout au Muſicien, qui, dans ſon art, ne voit qu'une convention entre les hommes ! Pour lui, c'eſt un Dieu qui doit en être l'inventeur. Mais combien plus malheureux l'être difgracié, qui n'éprouva jamais le pouvoir de la Mufique, qui, fourd à fes divins accords, ne fentit jamais fes larmes couler aux accens d'une mélodie touchante! L'un eft privé de cet enthoufiafme religieux, de ce délire fanatique, qui, feul, infpire & réchauffe le génie : & l'autre ne connoît pas ces douces émotions, jouiffance délicieufe des ames tendres & fenfibles.

Mais d'où vient cet afcendant impérieux que la Mufique exerce fur l'homme? Par quelle force donne-t-elle à l'ame ce léger mouvement qui la réveille, ces fecouffes violentes qui l'ébranlent, ou ces atteintes terribles & profondes qui la pénètrent? Par quelle magie nous fait-elle chérir jufqu'au trait qui nous déchire? La Mufique feroit-elle expreffive, c'eft-à-dire, imitative par elle-même? ou doit-elle à l'habitude & aux préjugés les effets qu'elle produit? La queftion que je me propofe, n'eft pas un de ces problèmes fpéculatifs, dont la folution foit indifférente au progrès de l'art : nous tâcherons d'en faire fentir l'importance, lorfque nous aurons effayé de le réfoudre.

PERSONNE n'ignore combien les affections de l'ame influent fur l'habitude phyfique du corps.

La

La douleur, le plaiſir, & toutes les paſſions qui en dérivent, ſe rendent viſibles par les altérations que les organes éprouvent. Ces impreſſions ſont - elles profondes & conſtantes, les altérations ſubſiſtent ; & c'eſt ainſi que l'homme, bon ou méchant, offre dans ſes traits l'empreinte de ſon ame ; elle ſe peint auſſi dans les accens de ſa voix.

Les modifications que les organes éprouvent dans les paſſions violentes, influent auſſi néceſſairement ſur la qualité des ſons, & ſur leur rapport entre eux. On ſait que l'air forme des ſons d'autant plus aigus, qu'il eſt pouſſé dans des tuyaux de moindre dimenſion. Cet effet doit avoir lieu dans les impreſſions ſubites : la contraction que les muſcles ſubiſſent raccourcit les conduits de la voix, & retrécit leur calibre : l'air violemment chaſſé par ce double effet, s'en échappe avec force ; & de-là proviennent ces cris aigus & perçans, qu'arrachent la douleur, la joie, & toutes les impreſſions vives & rapides.

Bientôt les organes reviennent à leurs dimenſions naturelles par des mouvemens moins précipités ; l'alternative de leurs oſcillations, modifie ſucceſſivement les ſons de l'aigu au grave, & du grave à l'aigu. Tel doit être, & tel eſt, en effet, le caractère des gémiſſemens, auxquels ſuccèdent les ſoupirs, & le filence enfin , lorfque le mouvement ofcilatoire eft entièrement affoibli.

Si , dans ces circonftances , on obferve la loi de la nature , on s'appercevra qu'elle file les fons, les dégrade les uns dans les autres , les fond dans ces nuances prefque infenfibles , que nous appellons *accent.*

Cet effet doit avoir lieu , fi l'on réfléchit que les organes ne peuvent pas revenir à leur état naturel , fans paffer par tous les degrés intermédiaires entre les points extrémes qui déterminent l'étendue de leurs ofcillations. Les fons doivent donc fuivre aurant de nuances de l'aigu au grave , & du grave à l'aigu. D'après cet expofé fuccinct de la manière, dont les qualités des fons fe trouvent liées aux affections de l'ame , on conclura aifément que l'accent , (N°. 1ᵉʳᵉ.) les cris & les geftes ont dû être le langage primitif de l'homme , comme étant le réfultat néceffaire & le plus fimple de fon organifation , le feul qui peut être entendu de tous les peuples & dans tous les lieux , parce qu'il eft le feul indépendant des conventions.

Cependant l'homme de la fociété dut bientôt fentir fe développer en lui des paffions inconnues à l'homme de la nature. Ses cris, qui n'étoient que des fignes vagues de fon plaifir ou de fa douleur , se trouvèrent infuffifans pour exprimer tous les mouvemens dont fon ame étoit agitée. A ces caractères , trop indéterminés pour fes nouvelles affections, il fallut affocier le concours d'un art (N°. 2°.) que les premiers befoins de la fociété avoient déjà fait éclore : & l'homme , ajoutant au gefte & aux accens le fecours de la parole , parvint à rendre , d'une manière plus claire & plus précife , toutes les nuances du fentiment dont il étoit affecté.

Mais , alors , ce né fut pas affez pour l'homme de vivre avec ceux de fes femblables qui exiftoient autour de lui : fa vue s'agrandit ; il ofa fixer fes regards fur l'avenir. Il connut la gloire ; & fentit la néceffité de confacrer à la reconnoiffance des fiècles les bienfaiteurs des fociétés naiffantes. L'Écriture n'étoit pas inventée : la Poëfie naquit de ce befoin. En aidant la mémoire, elle fixa la tradition. La fidélité en fut garantie par la difficulté de changer les expreffions , fans s'expofer à rompre la mefure & la cadence. Ce fut là le premier pas vers la Mufique. Dans une langue imparfaite , & par conféquent profodique , il ne fallut que l'enthoufiafme d'une déclamation véhémente pour ajouter au mouvement du mètre ce qui lui manquoit pour devenir un chant véritable.

Les Poëtes furent donc les premiers hiftoriens des

fociétés ; ils furent auffi les premiers Muficiens. La Mufique, fille de la Poëfie, lui dut long-temps l'empire qu'elle exerça fur les organes groffiers de ces peuples encore fauvages. Ces deux arts furent tellement liés, dans l'enfance des nations, que, prefque jufqu'à nos jours, ils furent confondus avec la Pantomime & la Danfe, fous le nom commun de *Mufique*. (N°. 3°.) Je ne crois pas inutile de faire obferver que tous les beaux-arts furent originairement confacrés à tranfmettre les grands événemens qui intéreffoient les nations. Le cœur aime à voir, chez des peuples barbares, la reconnoiffance élever les premiers autels. Auffi les premiers fons de la Mufique furent-ils des hymnes aux Dieux, c'eft-à-dire, le récit enthoufiafte des actions qui leur valurent l'apothéofe. La Sculpture, dans fon enfance, modéla les héros que la Poëfie & la Mufique avoient voués à la reconnoiffance & à l'admiration. Ce fut dans la fociété perfectionnée, c'eft-à-dire, dans l'état de nature entièrement dégradée, que la Mufique proftitua fes chants ; la Poëfie, fa lyre ; & la Sculpture, fon cifeau.

La Mufique, à fa naiffance, fe contenta d'embellir de fes accens le récit des actions héroïques : fes premiers fons furent purs, fimples & groffiers, comme les héros dont elle chanta les bienfaits. Il faudroit démentir toute l'authenticité de l'histoire, pour lui assigner d'autre origine. Si je ne consultois que nos goûts efféminés, je sens qu'on aimeroit mieux lui voir prendre naissance sur les bords du Lignon ou dans les bosquets de l'Idalie, consacrer ses accens à chanter l'amour pastoral, & tranformer en scènes d'opéra les entretiens langoureux des bergers de l'Arcadie. Mais il n'entre pas dans notre objet de nous appuyer sur des fictions : nous cherchons l'histoire, & non le roman de la Musique.

Pour sentir combien un art peut différer de lui-même, il suffiroit de comparer, par la pensée, notre Musique à celle de ces premiers temps. Elle ne connut alors d'autres entraves que celle du mètre, auquel elle étoit assujettie : elle ne dut avoir d'autre génie que celui de la langue ou de la poësie des sociétés encore au berceau.

Le souffle des vents, rendant des sons plaintifs en se jouant dans les roseaux, donna, dit-on, la première idée de la flûte. L'invention de cet instrument occasionna nécessairement des révolutions dans la Musique. On sait que cette flûte, différente de la nôtre, étoit formée de plusieurs tuyaux de longueur inégale. Le nombre en fut bientôt limité : leur multiplicité eût rendu l'instrument incommode, & même inutile. Il fallut donc diviser la portée des inſtrumens, reglée ſur l'étendue moyenne de la voix, par le nombre de tuyaux dont on jugea convenable de les former. Bientôt la néceſſité de les accorder, obligea d'en fixer les dimenſions : dès-lors le rapport des ſons entre eux fut déterminé d'une manière invariable. Juſqu'à ce moment, le chant s'étoit tranſmis & propagé par ſimple imitation. Conçu, pour ainſi dire, d'une ſimple *intuition,* on n'avoit pas ſongé à le décompoſer dans les ſons particuliers qui le forment. (Nº. 4ᵉ.) Le fils avoit ſuivi les inflexions de la voix du père, ſans s'inquiéter des intervalles qui n'exiſtoient pas encore.

Mais, de ce que nous ne ſaurions déterminer avec certitude ce qui fixa les premières conventions, on n'eſt pas en droit de conclure qu'elles furent reglées par la nature.

Toute quantité ou qualité n'a d'abord d'autre meſure qu'elle-même : elle eſt *unité,* parce qu'elle produit en nous une ſenſation unique. Il faut s'être formé des unités particulières, pour les retrouver dans la *grandeur* ; & alors le *nombre* remplace l'*étendue.* Dans une dimenſion de ſix toiſes, par exemple, on ne voit plus que ſix points diſtincts; tout le reſte a diſparu, & l'on n'a perception que du nombre *ſix.* Il en eſt ainſi à l'égard des ſons ſucceſſifs ou ſimultanés : l'on n'en évalue les différences, qu'après avoir préalablement établi les rapports qui doivent les mesurer ; mais aussi tous les intermédiaires s'évanouissent, & l'oreille n'a conscience que des sons élémentaires qu'elle a choisis pour unités.

C'est ici l'application de l'Arithmétique à la Géométrie, péchant toujours par excès ou par défaut, & nécessairement forcée de s'en tenir à des approximations. Toute *unité* servant de mesure, est nécessairement arbitraire. Tout ce qui fait sensation est l'*unité* de la nature. Mais qui pourra assigner le rapport de chaque organe avec cette *unité* élémentaire ?

En un mot, les nuances des sons suivent les rapports de l'étendue. Chaque longueur d'une même corde, d'un même tuyau, doit donner, & donne en effet un son correspondant. Trop fugitifs pour pouvoir être comparés entre eux, les sons anront donc été reglés sur les dimensions des corps sonores, c'est-à-dire, sur des rapports d'étendue, dans laquelle nous avons vu que l'unité reste toujours arbitraire ; & c'est, en effet, encore sur ces rapports que nous les calculons aujourd'hui.

Tous les peuples-musiciens doivent avoir eu leur échelle : rendre leurs chants par les signes que nous avons adoptés, c'est opérer la réduction d'une mesure dans une autre, en négligeant nécessairement les fractions au-deſſous de l'unité de la plus petite eſpèce.

Ce n'eſt donc pas une idée auſſi ſimple qu'on pourroit le croire, que celle d'avoir décompoſé le chant naturel en ſons élémentaires & radicaux. On voit que cette faculté ſuppoſe des organes très-exercés, & qu'elle ne ſauroit appartenir à des peuples chez leſquels l'art de la Muſique n'exiſtoit pas encore. Tout chant dut être alors ce qu'il eſt aujourd'hui pour des oreilles peu familiariſées avec notre intonation, un ſon formant *unité* lui-même, & dans lequel on n'avoit ſenſation déterminée d'aucun autre ſon particulier. Développons cette idée par une idée plus familière. Qu'un homme, qui ne ſait pas lire, prononce un mot : ce mot n'eſt pour lui qu'un ſigne unique, formé, pour ainſi dire, d'un ſeul jet. Mais nous, exercés à la compoſition & décompoſition des mots par les principes de la lecture, nous y diſtinguons, outre chaque ſyllabe, le ſon caractériſtique de chaque lettre qui le forme. On peut faire cette épreuve ſur ſoi-même, lorſqu'on entend parler une langue étrangère : on n'y ſaiſit ni coupe de phraſes, ni mots, ni ſyllabes ; c'eſt une traînée de ſons, tous de la même couleur, & parmi leſquels on demêle à peine quelques légères nuances. C'eſt ainſi qu'un peintre habile diſtingue souvent un mélange de couleurs, où l'ignorant n'apperçoit qu'une couleur unique.

Il eft donc évident que ce n'eft pas fur la fenfation diftincte des fons radicaux, que les peuples furent conduits à décompofer le chant ; c'eft, au contraire, en combinant des fons choifis pour élémens, qu'ils parvinrent à former un chant artificiel ; & c'eft auffi par cette voie qu'ils acquirent la facilité de les reconnoître, lorfqu'ils fe trouvoient par hazard dans le chant naturel, où ils peuvent être compris, comme tous les rapports imaginables le font dans l'étendue.

Pour trouver notre échelle dans la nature, il refte donc à examiner fi, par quelques loix de l'organifation, la voix n'eft pas portée naturellement fur nos intervalles. Il eft bien certain que ce phénomène n'a pas lieu chez les animaux, dont les cris, ainfi que le chant des oifeaux, ne font évidemment point réductibles à notre échelle. Cet effet feroit-il particulier à l'organifation de l'homme, & découvriroit-il ainfi le rapport naturel & fecret que l'on cherche entre notre mélodie, & le plaifir qu'elle nous fait éprouver ?

La difficulté de plier notre voix à la marche muficale, la néceffité de l'exercer à notre intonation, femblent prouver qu'elle lui eft étrangère.

Dira-t-on que nos organes ont été dénaturés par les conventions de la parole ? Mais a-t-on jamais reconnu quelques traces de nos intonations, aucun caractère de notre mélodie, dans les cris & le langage accentué des enfans, encore livrés aux premières impulsions de la nature ?

L'organisation de l'homme ne détermine donc pas la voix à se porter sur nos intervalles. La mélodie d'ailleurs, ne se trouvant alors en rapport naturel qu'avec lui, comment expliqueroit-on cet amour prétendu des animaux pour la Musique ?

C'est donc dans les dimensions des premiers instrumens, déterminées peut-être par des opinions superstitieuses, ou par des circonstances particulières, qu'il faut chercher la première trace de la division des sons, & la formation des intervalles. Ici les règles naquirent, & l'art commença. Ce fut là le premier pas que la Musique fit hors de la nature. Dès ce moment s'élevèrent entre elles des barrières insurmontables. L'échelle diatonique, qui résulta de cette division, rendit à jamais la Musique inhabile à suivre la marche des sons dans leur progression naturelle : elle substitua les tons aux accens ; & les intervalles que la nature remplit, restèrent nécessairemedt vides sous les doigts du Musicien. Telle seroit aujourd'hui la Peinture, si elle étoit bornée à n'employer que les fept couleurs du prifme, pour rendre toutes les teintes de la nature. En effet, l'art procédant par intervalles, & la nature par accens, (N°. 5°.) la Mufique, enchaînée dans fa marche, ne peut imiter cette fucceffion de fons, que la nature avoue pour la feule expreffion des affections de l'ame.

Qu'eft-ce donc que la Mufique, aujourd'hui ? l'art de lier les fons felon des loix prefcrites. Mais, ces loix, fur quels fondemens font-elles établies ? Ne fuffit-il pas de confulter les fyftêmes des Muficiens qui ont voulu approfondir la théorie de leur art, pour appercevoir l'incertitude des principes fur lefquels on prétend le fonder ? Où trouvera-t-on, dans la nature, un modèle de notre échelle ? Quel chant y eft formé d'intervalles exacts, réguliers & appréciables ? Selon les Muficiens, il exifte une mélodie naturelle, dont nous avons l'inftinct, & qui nous guide en fecret dans la compofition du chant. Mais fur quoi établir une pareille affertion ? N'eft-on pas plutôt en droit de reconnoître, dans cet inftinct prétendu, un effet ordinaire de l'habitude, fur-tout lorfqu'on fe tourmente inutilement pour lui trouver une origine plaufible ?

Tous les peuples, nous-dit-on, ont eu leur Mufique. Mais cette Mufique étoit-elle la nôtre ?

Tous les peuples ont eu des mesures pour évaluer les grandeurs & les quantités. S'enfuit-il, pour cela, qu'ils aient compté par lieues, par toises, livres, &c. ? & ferions-nous bien fondés à prétendre que le pied & ses divisions sont la mesure naturelle des *grandeurs*, parce qu'il nous a plu de les adopter, pour en évaluer les rapports ?

Les nations les plus sauvages ont leurs chants de guerre & leurs chansons de mort. Mais donnera-t-on le nom de Musique à ce qui, parmi nous, doit à peine mériter celui de chant ? Et peut-on penser que leur chant suive des progressions réductibles à notre échelle, tandis que nous, familiarisés dès notre enfance à nos intonations, nous passons des années entières à plier nos organes aux inflexions musicales.

Les oiseaux chantent, ajoute-t-on encore ; les cris de divers animaux sont un chant véritable. Tout cela dépend de l'acception qu'on voudra donner au mot *chant*. Mais chantent-ils comme nous, ou chantons-nous comme eux ? On aime, on admire le chant du Rossignol ? Mais quel Musicien se chargera d'en noter la basse fondamentale ? La mélodie que nous y trouvons, en est donc tout-à-fait indépendante ; cette mélodie n'est donc pas la nôtre ;

bien plus, loin de fuppofer nos intervalles, elle les exclut même nécceffairement.

Examinons, en effet, l'inftrument avec lequel on parvient à imiter affez fidélement le ramage accentué du Roffignol.

C'eft à l'aide d'un chalumeau, dans l'intérieur duquel fe meut un pifton, qu'or réuffit à rendre les inflexions les plus variées de la voix du chantre du printemps.

Le tuyau, dans lequel on fouffle, alternativement allongé & raccourci par le mouvement continu du pifton, fournit autant de nuances dans les fons, qu'il eft des points compris dans l'étendue qu'il a parcourue. Les fons, loin d'y procéder par inter-valles appréciables, ne peuvent s'y lier que par des nuances infenfibles : d'où il fuit qu'un inf-trument, organifé par l'art, ne fauroit imiter le chant des oifeaux, tandis qu'un chalumeau groffier, par un effet fimple & naturel, en faifit avec facilité les inflexions les plus rapides & les plus variées.

La Mufique réfifte donc effentiellement à l'ex-preffion qu'on lui attribue, par les obftacles qui naiffent des premières règles qu'elle s'eft impofées. Loin de favorifer l'imitation, elle met le génie du Muficien aux prifes avec les principes de fon art; & fes efforts les plus victorieux fe réduifent à faifir au hazard quelques cris ifolés des paffions qu'il fe propofe d'imiter.

Réduits à douze fons diftinâs pour tout moyen d'imitation, en vain les Muficiens nous difent que l'oreille n'en apprécie pas d'autres : mais elle les fent; la voix & les inftrumens les donnent. Une diftance eft-elle moins réelle, parce qu'elle fe trouve incommenfurable avec les unités qu'il nous a plu de choifir ; & doit-on la compter pour rien, parce qu'on ne daigne pas la mefurer ? Il fuffit de faire couler le doigt fur un inftrument à cordes, pour fentir qu'entre deux tons conféoutifs, il eft une infinité de fons que la nature donne, que l'oreille diftingue, & que la Mufique n'admet pas..... Eft-ce donc ainfi qu'elle peut prétendre à l'imitation ?

En attaquant les prétentions de la Mufique dans les fondemens fur lefquels elle porte, je crois inutile d'examiner en détail la multitude des règles qui enchaînent un art, dont l'effence feroit d'être libre, s'il pouvoit être imitatif. Dans toutes, on voit percer le vague & l'arbitraire ; il en eft peu, ou plutôt il n'en eft pas, dont on puiffe donner d'autre raifon que celle de l'ufage.

Plufieurs Muficiens, perfuadés que le rapport numérique des fons entre eux étoit la fource du plaifir que nous fait éprouver une douce mélodie,

ont fait de ce plaifir le réfultat d'un calcul d'arithmétique. M. *Rameau* a cru en trouver la fource
dans la réfonnance du corps fonore : il déduit la
mélodie du principe de l'harmonie ; & ce fyftême
paroît être le plus fuivi. Cependant il s'en faut de
beaucoup que la théorie de M. *Rameau* jette un
grand jour fur les principes qu'il prétend éclaircir.
Voici l'expérience fur laquelle il l'établit. Il obferve
que fi l'on fait vibrer une corde d'une certaine longueur, on entend, outre le fon principal, fa douzième & fa dix-feptième, qui, réduites à la tierce
& à la quinte, en font les harmoniques. Il fe peut
que , d'après nos intonations , ces fons foient les
feuls que l'oreille puiffe rapporter à la progreffion
de notre échelle ; mais il eft aifé de fe convaincre
que la corde vibrante doit en donner beaucoup
d'autres. Les rapports d'élévation entre les fons fe
compofant de celui des longueurs , des tenfions &
des diamètres des cordes vibrantes , il eft impoffible
de pincer fortement une corde , fans occafionner
une infinité de variations dans les proportions de
ces données. Ces proportions variant à chaque pas
entre les deux limites de la vibration la plus étendue ; les fons réfultans doivent être confidérés
comme rendus par autant de cordes de longueur ,
de diamètre, & de tenfion inégale. Auffi l'expé-

rience de M. *Rameau* n'a-t-elle jamais lieu que fur des cordes d'une certaine longueur : avec des cordes plus courtes , l'amplitude des vibrations n'eft pas affez étendue pour fournir la même diverfité de fons.

L'expérience de M. *Rameau* n'a donc pas la généralité qu'elle devroit avoir pour fervir de fondement à une théorie , & fon obfervation tient donc moins à la nature du fon , qu'aux circonftances particulières qui accompagnent les vibrations, Si l'oreille y faifit la douzième & la dix-feptième , ce n'eft pas qu'elles y foient autrement comprifes que beaucoup d'autres fons ; que l'oreille diftingue , fans les apprécier. On auroit donc autant le droit d'admettre dans l'harmonie , les fons que l'on exclut, que ceux que l'on a confervés. Mais ils n'ont été confervés que par une fuite de l'intonation, qui a fourni les moyens de les faifir : c'eft donc un cercle vicieux , que de les donner comme le vrai fondement de l'échelle , d'après laquelle on les apprécie.

Les règles de l'harmonie & de la mélodie font donc purement arbitraires. L'oreille contracte des habitudes, dont elle ne peut fe défaire : la néceffité de l'exercer à nos conventions, pour la rendre fenfible à l'harmonie & à la mélodie , prouve que

cette

cette sensibilité tient à l'éducation qu'on lui a donnée : les sensations que l'une & l'autre nous procurent sont tellement liées à l'habitude, que les vers les plus harmonieux & les mieux cadencés dans une langue, paroissent d'une dureté & d'une rudesse excessive à l'étranger qui ne la connoît pas.

D'ailleurs, l'expérience de M. *Rameau* exige qu'on se serve d'instrumens à cordes : le phénomène qui lui sert de principe n'a pas lieu sur les instrumens à vent ; il est étranger à la voix, à laquelle les instrumens doivent être assujettis. C'étoit donc dans la nature de la voix qu'il falloit chercher les principes de la mélodie ; c'étoit dans l'organisation de l'homme qu'il falloit fouiller, pour découvrir l'analogie naturelle qui pouvoit exister entre la mélodie & le plaisir qu'elle nous fait éprouver. Dira-t-on que, dans la voix même, la douzième & la dix-septième accompagnent le son principal, quoique l'on ne puisse les distinguer ? Si l'on ne peut les distinguer, comment prouvera-t-on qu'elles y existent ? Qu'est-ce, d'ailleurs, que des sons qu'on n'entend pas ? N'est-ce pas par leur rapport avec la voix, que les instrumens se rapprochent, pour ainsi dire, de nous ? & n'est-ce pas nos orga-nes qu'il falloit consulter, plutôt que des instru-mens, dont le plus grand mérite ne peut consister

C

que dans une imitation plus parfaite de la voix ?

Mais combien les moyens de la Mufique ne feroient-ils pas bornés , fi fidelles au principe de M. *Rameau* , les Muficiens n'avoient employé que les chants fournis par la réfonance du corps fonore ? Ce même principe donne deux échelles différentes, lorfqu'on veut calculer les fons par des progreffions de quinte ou de tierce ; & cependant l'une & l'autre font , dit-on , comprifes dans l'accord donné par la nature !

La réfonance du corps fonore ne fournit que des accords parfaits majeurs : ainfi l'on ne fauroit con-tefter que tous les accords parfaits mineurs , les accords de feptième , les accords de fufpenfion & de fuppofition , ne foient dus aux caprices , ou , fi l'on veut , à la perfection de l'art. Si la formation de ces accords eft arbitraire , il eft aifé de voir que leur effet ne tient qu'à l'habitude. Les accords par-faits majeurs furent d'abord les feuls qui eurent le droit de nous plaire. Les accords mineurs révoltè-rent long-temps les oreilles Françaifes : de-là vint l'ufage de la *tierce de Picardie*. Les trouve-t-on aujourd'hui moins doux que les accords majeurs ? Combien ne fut-on pas d'abord effrayé de l'ufage des diffonances ? Que de faux-fuyans , que de détours, que de règles, pour les faire paffer fans murmure ! Aujourd'hui, devenus moins farouches, l'accord de *dominante tonique* nous paroît prefque auffi agréable qu'un accord parfait. La *feconde* dut long-temps déchirer les oreilles ; cet intervalle eft fouvent employé maintenant pour donner une impreffion voluptueufe. Il y a environ cinquante ans que *Pergoleze* employa la *feconde*, pour peindre la trifteffe & l'accablement, dans le premier couplet de fon fublime *Stabat* : M. *Piccini* s'en eft fervi dans une rentrée du charmant *duo* de *Roland* : *Allons, dans une paix profonde*, &c. Chacun de ces grands Maîtres a eu affez de génie pour diftinguer ce qu'exigeoient de lui des circonftances différentes. On a trouvé M. *Rameau* pleurant fur un accord de *feptième* diminuée : je doute qu'une pareille diffonance coûtât des larmes à quelqu'un de nos Muficiens modernes. Ainfi, en fuivant cette progreffion, l'effet dur & déchirant que nous avons attribué aux diffonances, difparoîtra, effacé peu à peu par l'habitude de les pratiquer & de les entendre. Un jour viendra peut-être que, blafés fur les moyens qui nous émouvoient fortement, nous ferons forcés de faire entendre à la fois tous les fons de l'*octave*. N'a-t-on pas vu un Organifte célèbre faire parler en même temps toutes les tou-

ches confécutives du clavier, pour nous épouvan-
ter par cette peinture du tonnerre ?

D'après ces incertitudes, n'eft-on pas en droit de
conclure qu'il n'eft point en Mufique de *beau* réel ;
qu'elle n'a dans la nature ancun modèle ; & dans
la raifon, aucune analogie avec rien de ce qui doit
produire en nous le fentiment du *beau* abfolu &
indépendant des conventions ? Le *beau*, dans fon
idée la plus étendue, n'eft autre chofe que le *bon*
rendu, pour ainfi dire, vifible ou palpable. Le
beau naturel & abfolu eft donc évidemment indépendant de toute convention, puifqu'il eft déduit
de la nature de l'objet même, & de la jufte pro-
portion des *parties* avec la deftination du *tout*. Mais,
jufques-là, le *beau* n'eft encore que le fynonime
de *parfait* : l'homme ne pouvant aimer que ce qui
lui eft *utile*, n'a dû trouver agréables que les proportions qui, dans les objets, fembloient promettre
des qualités avantageufes pour lui. Du double rapport du *bon* & de l'*utile*, naquit le *beau* relatif à
l'homme : mais l'*utilité*, toujours calculée par les
paffions, ramène la connoiffance du vrai *beau* à
l'étude du cœur humain, & non à celle de ces
ftériles & froides proportions, qui, n'ayant aucun
rapport avec fes affections, refroidiffent l'enthou-

ſiaſme, & captivent dans un jeu puérile les plus nobles élans du génie.

La beauté de l'homme, conſidéré en ſociété, dut ſe compoſer également du double rapport du *bon* & de l'*utile*. Ses plus belles proportions durent être celles, qui, en lui aſſurant la vigueur & la ſanté, néceſſaires à ſon exiſtence, ſemblèrent promettre en même temps un courage & une adreſſe propres à raſſurer la ſociété contre la terreur des dangers dont elle pouvoit être menacée.

Les opinions ſociales étouffèrent inſenſiblement les idées naturelles : le type primitif du *beau* s'effaça bientôt avec elles. La beauté, bannie des enſembles, ſe réfugia dans mille détails, qui n'avoient été que ſommairement compris dans l'idée générale du *beau*. On n'admira plus un bel homme ; mais on diſtingua un beau viſage & de beaux traits : la beauté réelle des formes fut forcée de céder aux deſtinations particulières, & relatives aux beſoins les plus preſſans de la ſociété. Les arts naquirent : la flatterie & l'adulation conſacrèrent les imperfections : l'eſclavage embellit juſqu'à l'empreinte des chaînes. Alors, chaque nation, chaque ſociété, chaque claſſe de la ſociété, conçut du *beau* des idées relatives à ſes beſoins, ſes lumières, ſes penchans, ſes vues, ſa gloire, ſon intérêt, &c.——

C'eſt ainſi que nous admirons dans le bœuf les qualités qui le rendent le plus propre au labourage.

L'effet du *beau* eſt de frapper (Nº. 6ᵉ.) & d'attacher le cœur ou l'imagination. Mais , par la nature même de l'homme , le ſentiment que la beauté produit eſt toujours tacitement lié aux idées d'utilité , de puiſſance , de force , de courage , de génie , à quelques-unes , enfin , de ces qualités que les hommes voudroient poſſéder , & dont ils ſont jaloux , parce qu'elles jouiſſent dans la ſociété d'une conſidération relative à leur influence ſur le bonheur , la force , la gloire de la nation. Auſſi le guerrier , qui n'aſpire qu'aux lauriers cueillis ſur un champ de bataille , eſt-il inſenſible aux beautés les plus piquantes des arts deſtinés à nourrir un luxe qu'il mépriſe.

La *beauté* n'eſt donc pas plus dans les objets , que le *ſon* n'eſt dans le corps ſonore : l'une réſide dans le cœur ou l'imagination, comme l'autre exiſte dans l'oreille.

Pour connoître le vrai *beau* , c'eſt dans la nature de nos afféctions qu'il faut en chercher la cauſe , & non dans la nature des objets qui nous ont affectés. Tout ce qui eſt ſans rapport avec ces afféctions, ne peut avoir qu'une beauté imaginaire & variable comme les opinions. Les paſſions ſeules tiennent à la nature de l'homme : la ſociété peut les modifier, mais elle ne sauroit les détruire. Si ces idées sont vraies, il est aisé d'en conclure que, lors même qu'il seroit prouvé que la mélodie naît de l'harmonie, (Nᵉ. 7ᵉ.) & celle-ci de la résonance du corps sonore, on n'auroit démontré qu'un phénomène de physique, sans analogie avec nos passions. La *beauté*, dans la mélodie, n'auroit également existé que pour ceux qui, connoissant les difficultés de l'art, eussent admiré le génie de l'artiste, qui les auroit vaincues, sans faire violence à l'oreille habituée aux conventions. Mais le vulgaire n'eut jamais eu que la conscience d'un chant plus ou moins agréable, & dont le charme auroit été absolument étranger aux *beautés* admirées par les connoisseurs.

Au reste, on ne doit pas confondre le plaisir physique que produisent les sons, avec l'expression qu'on leur attribue. Seroit-il vrai que les enfans, & les animaux même, fussent sensibles à la Musique ? On prouveroit d'autant moins pour son expression, que les passions, dont on suppose qu'elle imite les accens, ne peuvent être senties ni par les enfans ni par les bêtes. Les uns ni les autres ne sauroient donc être émus par l'expression d'un sentiment qui leur est inconnu. Mais est-il bien vrai que la Musique leur plaise comme Musique, plutôt que comme simple succession de sons, dont la variété les étonne ? Leur plaisir ne tient-il pas à la surprise que produisent toujours en eux les sensations nouvelles ? Enfin, est-il bien nécessaire que les sons soient liés entre eux selon les règles de notre mélodie, pour produire l'effet qu'on croit avoir observé ? Sans avoir répété cette expérience sur beaucoup d'espèces d'animaux, j'ai vu des chiens heurler au son du violon, & n'ai point remarqué de différence dans la manière dont ils étoient affectés, soit qu'on se fût attaché à jouer des airs, soit qu'on n'eût cherché qu'à tirer du son, en promenant les doigts au hasard sur la touche de l'instrument. J'ai fait la même épreuve sur des enfans : leur plaisir paroissoit toujours le même ; le son du violon sembloit les amuser comme celui des grelots attachés à leur hochet. D'ailleurs, que prouveroit-on en faveur de la Musique, en réduisant ses effets au plaisir physique qu'elle procure ? Cet avantage, elle le partage avec tout ce qui peut émouvoir les sens, sans danger pour nous, & sans nous faire éprouver de sensation pénible. Enfin, la Musique, séparée de son expression & de toute idée accessoire, est une plate-bande de tulipes, devant laquelle le fleuriste s'extasie, & à laquelle l'homme sensé ne doit guère qu'un coup-d'œil.

Si les Muſiciens les plus fameux ont ſenti , dans ce point , le foible de leur art ; ſi l'inutilité de leurs efforts n'a ſervi qu'à donner plus de poids au repro- che dont ils cherchoient à le juſtifier , doit-on être ſurpris qu'un tel art ſoit ſoumis aux caprices de la mode , & qu'il varie ſelon les goûts , les peuples , le langage , &c. ? Les ſignes naturels des paſſions tiennent à l'organiſation générale des hommes : l'imitation de ces mêmes ſignes devroit donc paroître la même dans tous les temps & dans tous les lieux. Pourquoi donc cette diverſité d'expreſſions qui s'ex- cluent ? Nous bâillons aux opéra de *Lulli* ; nos aïeux y pleuroient : leur muſique avoit , pour eux , l'expreſſion que nous trouvons à la nôtre : ils auroient juſtifié leur goût par les mêmes raiſons , c'eſt-à- dire , en nous renvoyant à un ſentiment qui étoit en eux ce qu'il eſt en nous , le fruit de l'habitude.

Si l'on réfléchit que la plupart de nos connoiſ- ſances , celles même que nous regardons comme les plus ſûres , ſont fondées ſur un certain ordre conſtant de ſenſations , on s'appercevra combien il eſt diffi- cile de ne pas croire donné par la nature ce qui n'eſt que le fruit du haſard , des circonſtances , de l'éducation , en un mot , de l'habitude.

C'eſt , en effet , bien moins ſur le rapport que nous appercevons entre nos ſenſations , (Nᵉ. 8ᵉ.)

que fur l'habitude de les éprouver enfemble, ou dans un ordre déterminé, que s'établiffent en nous une infinité d'opinions. Celle, par exemple, qui nous fait affocier conftamment l'idée de couleur à celle de furface, au point que nous avons de la peine à imaginer l'une fans l'autre, eft fondée, non fur le rapport qui exifte entre la couleur & l'étendue, puifque ces fenfations, étant d'un ordre différent, ne fauroient avoir aucun rapport entre elles; mais fur l'habitude, qui nous a fait conftamment éprouver ces deux fenfations à la fois. Auffi, cette abftraction qui nous coûte fi fort, un aveugle la fait fans peine, ou plutôt il lui feroit impoffible d'avoir l'idée d'un corps avec les qualités dont nous cherchons vainement à le dépouiller.

C'eft dans cet ordre de connoiffances que fe gliffent tous nos préjugés ; tandis qu'au contraire celles qui s'établiffent fur des rapports clairement apperçus, parce qu'on ne compare que des fenfations du même ordre, celles-là, dis-je, ont tout le caractère de la certitude, & font à l'abri de toute erreur. Telles font les vérités de la Géométrie, où l'étendue, toujours comparée à l'étendue, laiffe appercevoir clairement les égalités & les différences.

On doit donc fe défier d'autant plus de l'influence

de l'habitude & du préjugé, qu'on aura à comparer des fenfations de nature différente, & qui ne
pourront avoir d'autre rapport que celui de fimul-
tanéité ou de fucceffion. Telles font les idées de *fon*
& de plaifir, qui n'ayant rien de commun entre
elles, ne peuvent avoir d'autre rapport que celui
de liaifon & d'habitude, c'eft-à-dire, ceux qu'ont
pu leur donner les hafards des circonftances & de
l'éducation.

En faudroit-il davantage, aux yeux de la raifon,
pour prouver que l'expreffion eft abfolument étrangère à la Mufique; que fon empire tient aux mêmes
principes fur lefquels eft établie la force & l'énergie
du langage ; que l'art en a fait un figne de nos
paffions, comme il a fait de la parole celui de nos
idées ; avec cette différence que les conventions en
étant vagues & tacites, & plutôt l'effet de l'habitude que l'expreffion d'un accord articulé, on eft
tenté de croire que la Mufique tient de fa nature
un pouvoir qu'elle doit à notre éducation? Les préjugés s'emparent de nous au berceau : il n'eft point
d'enfant qui ne fe foit endormi aux chanfons de fa
nourrice.

Mais, comme nous l'avons déjà remarqué, l'ame
a de la peine à féparer les fenfations qu'elle éprouve
prefque toujours à la fois. C'eft de-là que réfulte

pour elle la difficulté des abftractions , & la force du préjugé. On fe perfuade difficilement que deux fenfations, qui fe fuccèdent conftamment , n'aient quelques rapports naturels qui les lient l'une à l'autre. C'eft fur une pareille illufion qu'eft fondée la force des fignes pour réveiller l'idée qu'on eft convenu de leur faire repréfenter : elle eft telle , que la raifon fuffit à peine pour nous convaincre qu'il n'exifte aucun rapport entre le figne & la fenfation qu'il renouvelle. Nous en donnerons bientôt un exemple fenfible.

On ne doit donc pas être furpris de la difficulté que l'on éprouve à féparer la Mufique de l'expref-fion. Le fentiment femble s'y lier d'une manière fi intime & fi immédiate, qu'on fe perfuade à peine qu'il puiffe en être indépendant. Rien de plus aifé cependant que l'explication d'un pareil phénomène.

En effet, un air fe fait-il fouvent entendre avec des paroles capables de renouveler des impreffions de plaifir ou de trifteffe, l'habitude liera tellement l'air aux paroles, & les paroles au fentiment, que l'un & l'autre en deviendront un figne identique : le chant ne fera qu'une traduction de la parole dans un langage différent ; & tous deux féparément réveilleront la même idée. Mais , comme nous l'avons obfervé, les conventions n'étant tombées que fur l'acception des mots , l'air en paroîtra mieux lié avec le fentiment qu'il femble exprimer. On prévoit que le chant qui aura le plus de rapport avec celui-là , en fera d'autant plus expreffif. Ainfi fe formera infenfiblement ce goût mobile & fugitif, que l'artifte pourfuit fous le nom de la nature.

Rouffeau lui-même va nous fournir un exemple bien propre à confirmer cette opinion. Il avoit paffé fes premières années auprès d'une tante qu'il aimoit : jamais il n'oublia un air qu'elle fembloit chanter par préférence. Et c'eft ainfi qu'il s'exprime dans fes *Confeffions* : » Qui croiroit , dit-il , que moi, » vieux radoteur, rongé de foucis & de peines, » je me furprends à chanter ces petits airs d'une » voix caffée & tremblante ? » Il ajoute , quelques lignes plus bas : « Je ne fais où eft le charme atten- » driffant que je trouve à cette chanfon ; mais il » m'eft de toute impoffibilité de la chanter, fans » être arrêté par mes larmes. » Je le demande au Muficien le plus fenfible : Quel autre effet auroit produit la Mufique la plus touchante & la plus expreffive ? Qui pourra s'empêcher de reconnoître ici la force de ce fentiment intime, fruit des pre- mières habitudes ? Les paroles , car *Rouffeau* les rapporte , n'avoient rien d'attendriffant : l'air étoit encore bien inférieur aux paroles : mais l'un &

l'autre, liés dès l'enfance au sentiment d'une vive tendresse, en étoient devenus le signe, & le rappelloient à son cœur, en dépit des nouvelles habitudes. Qui jamais entendit, sans la plus douce émotion, l'air favori d'un objet qu'il a tendrement aimé ? Quoiqu'il soit mauvais au jugement de l'art, l'ame se révolte contre le goût, & s'obstine à lui trouver une expression, qui n'existe que pour elle.

Mais écoutons *Rousseau* lui-même nous citer un exemple du pouvoir de l'habitude.

» J'ai ajouté, dit-il dans son Dictionnaire de
» Musique, au mot *Musique*, j'ai ajouté dans la
» même *Planche* le célèbre *Rans-des-Vaches*, cet
» air si chéri des Suisses, qu'il fut défendu sous
» peine de mort de le jouer dans leurs Troupes,
» parce qu'il faisoit fondre en larmes, déserter
» ou mourir ceux qui l'entendoient, tant il exci-
» toit en eux l'ardent désir de revoir leur pays.
» On chercheroit en vain dans cet air les accens
» énergiques, capables de produire de si étonnans
» effets. Ces effets, qui n'ont aucun lieu sur les
» étrangers, ne viennent que de l'habitude, des
» souvenirs, de mille circonstances, qui, retra-
» cées par cet air à ceux qui l'entendent, & leur
» rappellant leur pays, leurs anciens plaisirs, leur
» jeunesse, & toutes leurs façons de vivre, exci-

» tent en eux une douleur amère d'avoir perdu
» tout cela. La *Mufique* alors n'agit point précifé-
» ment comme *Mufique*, mais comme figne mé-
» moratif. Cet air, quoique toujours le même,
» ne produit plus aujourd'hui les mêmes effets qu'il
» produifoit ci-devant fur les Suiffes, parce qu'ayant
» perdu le goût de leur première fimplicité, ils ne la
» regrettent plus quand on la leur rappelle. Tant il
» eft vrai que ce n'eft pas dans leur action phyfique
» qu'il faut chercher les plus grands effets des fons
» fur le cœur humain ! »

Tout devient expreffif pour une ame fenfible :
un arbre, un rocher, une cabane, afyle du bonheur & de l'innocence, fuffifent pour arracher des
larmes d'attendriffement ; tout, jufqu'au filence
même, parle à celui qui fait l'entendre. L'émail
des prés, le chant des oifeaux, l'horreur des
forêts, tout a fon expreffion & fon langage ; mais
tous ne les doivent qu'aux idées qu'ils renouvellent,
aux fouvenirs qu'ils rappellent : c'eft parce qu'ils
n'expriment rien, qu'ils ont le pouvoir de tout
exprimer. C'eft ainfi que la Mufique parle au cœur ;
elle agit fur nous comme figne, & non par imitation. Les modulations qu'elle emploie n'ont pas
plus de rapport avec nos affections, que l'arbre
& la cabane qui les réveillent. Le chant du roffi-

gnol, qui nous charme dans les bois, nous déplaît lors même qu'il eſt le plus parfaitement imité. (N°. 9°.) Ce n'eſt que par des acceſſoires, indépendans des ſons & des couleurs, que le chant & la verdure diſpoſent l'ame aux plus douces émotions ; leur énergie eſt toute dans les circonſtances : ·c'eſt toujours l'imagination qui leur prête une expreſſion qui leur eſt étrangère. Voilà pourquoi le chant des oiſeaux noĉturnes nous paroît effrayant. L'imagination, créant des fantômes dans l'obſcurité des nuits, peſnt d'une couleur lugubre tous les objets qu'elle enveloppe de ſes ombres. Si, dans ce moment où l'ame eſt frappée d'une ſombre horreur, le cri du hibou ſe fait entendre ; il prend le caraĉtère de nos idées, & devient, pour ainſi dire, le ſignal & l'expreſſion de l'effroi.

La langue la plus favorable aux progrès & à la certitude de nos connoiſſances, ſeroit ſans doute celle où chaque ſens auroit ſon langage bien déterminé, & dans laquelle les opérations de l'eſprit & les paſſions de l'ame ſeroient déſignées par des expreſſions propres. Les métaphores, en tranſportant le phyſique dans le moral, nous abuſent continuellement, confondent les notions, altèrent les rapports, matérialiſent, ſi je puis m'exprimer ainſi, ce qui n'a aucune relation avec les qualités matérielles.

rielles. Ce double emploi des signes jette néceſſairement dans la confuſion , aſſimile des choſes
abſolument hétérogènes , & rapproche ſouvent les
objets les plus éloignés par leur nature. Ce défaut de
richeſſe dans les langues ſe fait viſiblement ſentir dans
les arts, qui, manquant d'expreſſions propres pour
déſigner certains rapports nouvellement apperçus ,
ſont obligés de les emprunter d'un langage qui leur
eſt étranger. C'eſt ainſi qu'en Peinture , on veut de
la *molleſſe* dans les contours , de la *ſuavité* dans le
coloris : on admire , en Muſique , le *brillant* de
l'exécution ; on aime des ſons *veloutés* , une mélodie
ſuave ; on redoute l'*aprêté* des diſſonances , la
dureté des accords , &c. , &c.

Les arts gagnent ſans doute quelquefois à l'in-
troduction de ces expreſſions étrangères. L'effet
d'un ſeul ſe renforce des ſenſations puiſées dans
tous les autres. Le charme des ſons s'embellit de
l'éclat des couleurs : on goûte , pour ainſi dire ; la
Muſique par tous les ſens à la fois : elle en réveille,
en quelque ſorte , toutes les ſenſations , parce que
les ſons en ſont devenus les ſignes. L'illuſion pénè-
tre juſqu'à l'ame par toutes les avenues , s'empare
d'elle , & , ſans lui laiſſer le temps de ſe reconnoître,
la promène dans un monde d'enchantemens & de
preſtiges.

D

Mais auſſi , comptant trop ſur des richeſſes étrangères & illuſoires , les arts négligent ſouvent de tirer de leur fonds des tréſors plus réels & plus ſolides. Ce n'eſt qu'après avoir épuiſé ceux qui leur ſont propres , qu'ils devroient ſe permettre de chercher ailleurs de nouveaux moyens. Ce n'eſt même qu'avec la plus grande circonſpection qu'il leur convient d'en faire uſage. Tout avantage a ſes abus. Ils ſont ſenſibles , de nos jours , dans l'afféterie & le jargon précieux qu'on fait parler à la Peinture & à la Muſique. Avant d'introduire dans les arts des expreſſions nouvelles , il faudroit les examiner avec ſoin , & n'adopter que celles qui , embraſſant les rapports les plus étendus , diſpenſent d'avoir recours à de pareilles reſſources. Leur multiplicité , en paroiſſant agrandir les moyens de l'art , affoiblit chaque impreſſion particulière , & pourroit enfin détruire le preſtige.

Voilà , je penſe , le ſecret de ce charme magique que la Muſique exerce ſur nous. Ses accens ſont autant de bulles légères , chargées des couleurs de tous les objets qui les environnent : le ſouffle du plaiſir les enfante , & celui de la raiſon ne les détruit qu'à regret.

C'eſt donc , en grande partie , à des ſecours étrangers que la Muſique doit ſon expreſſion : c'eſt

par leur moyen qu'elle fe gliffe du domaine d'un
fens dans celui d'un autre, pour les captiver tous
à la fois. Mais, ce que l'illufion y gagne, la vérité
le perd. Quand on veut remonter aux principes,
l'habitude a tellement renverfé, confondu, altéré
les rapports, que la raifon a de la peine à remettre
chaque chofe à fa véritable place.

Ce que nous venons d'obferver va devenir bien
fenfible, par un exemple pris de la Mufique.

La raifon démontre qu'il ne peut exifter de vrais
rapports, &, par conféquent, d'imitation qu'entre
les quantités de même efpéce : des relations prifes
dans l'étendue ne peuvent convenir à ce qui n'eft
pas étendu. Les rapports de diftance ne fauroient
convenir aux fons, inétendus de leur nature,
& n'occupant de lieu que dans notre oreille. On
ne peut donc pas les imaginer féparés par des intervalles, ni porter entre eux l'*unité* qui mefure les
grandeurs. On ne dit pas d'une *odeur*, d'une *faveur*,
d'une *couleur*, que l'une foit ou plus *haute* ou plus
baffe qu'une autre : on n'eft pas mieux fondé à
porter cette expreffion dans les fons. Les degrés
d'élévation font des rapports de diftance : les fons
ne font donc pas fufceptibles de cette évaluation ;
puifque n'ayant de lieu que notre oreille, on ne
peut affigner ni leur pofition ni leur éloignement

respectif. Cependant les expreffions de *haut* & de *bas*, qui nous fembleroient fi ridicules, appliquées aux odeurs, aux faveurs, &c., nous paroiffent fi naturelles lorfqu'on les porte dans les fons, que la force d'une démonftration fuffit à peine pour nous empêcher d'y voir une liaifon réelle avec les rapports qu'ils expriment. Nous ne fommes pas choqués d'entendre parler d'un fon plus *haut* ou plus *bas* que l'autre ; nous le ferions, fi l'on nous parloit d'un fon plus *oriental* ou plus *méridional*. Cette comparaifon doit nous faire fentir que, fans déranger aucune relation naturelle entre eux, on eût pu appeller *haut* le fon le plus grave, & *bas* le fon le plus aigu. Cependant, quel Muficien ne feroit révolté de cette tranfpofition, & ne croiroit y voir un contre-fens des plus groffiers ? J'en appelle aux Muficiens de bonne foi : à quoi fe réduiroit l'effet de notre Mufique actuelle, fi de nouvelles habitudes venoient jamais confacrer ce renverfement ? Les fons ne peuvent donc, dans cette circonftance, être confidérés que comme les fignes de ces rapports étrangers à leur nature ; mais fignes tellement liés par l'habitude aux fenfations qu'ils réveillent, que la réflexion fait prefque inutilement des efforts pour les féparer, & a de la peine à ne pas les confondre. Cependant ces faux rapports ont guidé le grand nombre des compofiteurs , & les guideront encore.

C'eft fur des illufions de ce genre qu'eft fondée la magie de la Mufique. L'abus des mots , qui couvriroit de ridicule les prétentions de cet art à l'imitation , devient la fource des effets les plus fûrs dans la Mufique confidérée comme langage. L'énergie d'une langue dépend toujours de la force qui lie les fignes aux idées : elle eft au plus haut point , lorfque l'ame les confond ; & fi la Mufique avoit par-tout la même précifion , elle feroit le plus puiffant de tous les arts.

Ce que nous venons de remarquer fur la force des fignes , nous fait aifément fentir ce qui manque encore à la Mufique, pour devenir le plus fimple, & en même temps , le plus énergique de tous les langages. C'eft la précifion , qui détermine l'énergie des langues ; c'eft elle qui conftitue la force de l'éloquence.

Mais cette énergie ne peut réfulter que de conventions bien déterminées , qui établiffent invariablement l'acception des fignes. Quelle force n'auroit donc pas la Mufique, fi, aux charmes de la mélodie, elle joignoit les avantages de l'éloquence ; fi des conventions mieux fixées difpenfoient le Muficien d'imiter le mauvais Peintre , & d'écrire , autour

D iij

du cadre, le fujet de fes tableaux ? C'eft alors que, fouverain de la nature, il commanderoit aux paffions, les appaiferoit ou les exciteroit à fon gré; comme le maître des tempêtes foulève & calme les flots de la mer.

Les Grecs, ce peuple fi voluptueux & fi paffionné, qui, les premiers, tournèrent la Mufique vers l'expreffion, furent auffi les premiers qui fentirent les difficultés que l'art oppofoit à la nature. Ne pouvant faire déclamer la Mufique, ils firent chanter la déclamation : celle-ci, liée aux grands effets de l'éloquence, les tranfporta dans la Mufique, qui cherchoit à l'imiter. La déclamation fut alors à la Mufique, ce qu'eft la profe à la poéfie : elles ne diffèrent que par le mouvement & la cadence, qui feules donnent au chant & au mètre le charme qui nous féduit.

C'eft donc en fe rapprochant de nos principes, que les Grecs donnèrent à leur Mufique ce degré d'énergie qui nous étonne. On fait encore que, chez eux, chaque paffion avoit fon mode particulier : ce mode en étoit donc le figne repréfentatif, & l'ame des auditeurs ne pouvoit s'y méprendre. C'eft à cette précifion que la Mufique dut l'empire qu'elle exerça fur ce peuple fenfible. On regardera toujours comme un prodige l'extrême facilité avec laquelle le Muſicien faiſoit ſuccéder la triſteſſe à la joie, la fureur à la tendreſſe, en parcourant leurs modes divers.

L'utilité des beaux-Arts eſt de fortifier l'eſprit national : (Nᵉ. 10ᵉ.) la poéſie, qui chante les héros ; l'éloquence, qui les conſacre à l'amour & à la reconnoiſſance ; la ſculpture, la peinture, qui en fixent l'image, pour la graver dans tous les cœurs, ſont comme autant de traits de feu, qui enflamment nos ames de l'amour de la patrie & du déſir de la gloire. Il ſemble que les Grecs avoient, bien mieux que nous, apprécié cette influence : l'importance qu'ils attachoient aux plus légères innovations en Muſique, nous paroît aujourd'hui minutieuſe, & peut-être puérile ; mais elle ſuppoſe en eux un ſentiment bien réfléchi du pouvoir des beaux-arts ſur l'eſprit des nations ; elle prouve, en même temps, la confiance qu'ils avoient dans l'aſcendant de la Muſique, & combien ils le croyoient dépendant de l'habitude. En effet, avant que celle-ci eût conſacré les adoptions nouvelles, la Muſique eût perdu, pour un temps, une partie de ſa puiſ-ſance. Liée avec la poéſie, dont elle animoit les accens, elle lui devoit auſſi ſa force & ſon éner-gie. De cet accord, qu'eût troublé une combinaiſon nouvelle, réfultoit un afcendant impérieux, & à l'aide duquel la République pouvolt, à fon gré, remuer les efprits, les enflammer, les calmer ou les foumettre. C'étoit dans des jeux folemnels, au milieu des fêtes, que, par la voix des beaux-arts, elle fe faifoit entendre aux peuples raffemblés : c'eft-là que le concours de mille circonftances concentroit un foyer actif & brûlant, où tous les cœurs venoient s'embrafer de l'amour de la patrie & de la gloire. Toute innovation eût affoibli cette union intime, ce fublime concert, formé de l'accord de tous les arts ; c'euffent été autant de mots étrangers introduits dans une langue harmonieufe & fonore ; & lorfque, par la fucceffion des temps, l'habitude lui eût rendu fa première énergie, elle n'eût peut-être plus trouvé d'oreilles difpofées à l'entendre. On voit, par-là, comment la Mufique fe trouvoit liée à la politique ; & l'on ne fera pas furpris fi *Platon* n'a pas craint de dire que le plus léger changement dans la Mufique entraîneroit une révolution dans la République. On fera moins étonné fi les peuples la regardèrent comme un bienfait des Dieux ; mais alors, devenue facrée par fon origine, il ne dut plus être permis aux hommes d'y toucher.

Enfin, pour nous convaincre du pouvoir des circonftances, dont nous faifons honneur au charme naturel des fons, & prouver en même temps quelle est leur influence fur les efprits, imaginons que, fur un inftrument fans éclat, nous entendions une marche militaire ; elle ne fera fur nous qu'une légère impreffion. Qu'alors le fon aigu de la trompette fe faffe entendre ; l'émotion redouble , la tête s'étonne : mais qu'à ce concert fe joignent les accens du clairon , le bruit des timbales , le cliquetis des armes , le fracas du canon, l'imagination s'échauffe , le cœur s'enflamme ; plus de foldat, pas de Français qui ne foit un héros.——Et cependant on n'admire , dans ces effets, que le pouvoir de la Mufique..... Tant il eft vrai que c'eft toujours le foldat qui gagne les batailles , tandis que le général, lui feul , jouit des honneurs du triomphe !

Cet effet n'a pas échappé aux habiles Muficiens : l'emploi des inftrumens ne leur a point paru indifférent à l'impreffion qu'ils fe propofent de faire naître. Dans tous ils reconnoiffent un caractère d'expreffion propre & invariable ; ils n'emploient pas indifféremment le haut-bois , le cor ou la trompette. Ce n'eft pas qu'il y ait aucun rapport entre la tendreffe & le fon du haut-bois, entre le cor & la paffion de la chaffe, entre la trompette & les combats : mais c'eft fur la flûte & le haut-bois qu'on nous peint les bergers foupirant leurs amours ; c'eft dans les forêts que le cor se fait entendre ; les sons aigus de la trompette percent au travers du bruit des armes, & des cris des combattans. Veut-on réduire l'expreſſion des sons à l'effet qui leur eſt propre ? qu'on tranſporte sur le haut-bois l'air deſtiné à la trompette : on n'entendra plus qu'un chant, agréable peut-être, mais, à coup sûr, sans chaleur, sans expreſſion, sans couleur & sans vie. Il eſt donc inutile de chercher dans la nature des sons la source des effets que nous leur voyons produire. Quel pouvoir tiendroient-ils de la nature, que l'habitude & les circonſtances ne puiſſent leur donner ? Qu'on se rappelle l'effet du *Rans-des-Vaches*, l'exemple de *Rouſſeau* lui-même ; qu'on réſume, en un mot, toutes les preuves que nous avons développées, & l'on se convaincra qu'on explique par les effets de l'habitude, ce que la Muſique ne sauroit ramener à aucun principe démontré ni plauſible.

Les bornes d'une lecture ne m'ont pas permis d'analyſer, dans leur détail, les principes de cet art enchanteur ; mais ce que nous avons obſervé suffit pour perſuader, qu'enchaînée par une multitude de règles arbitraires, étrangères à l'imitation, la Muſique prétend en vain à l'expreſſion qu'elle s'attribue. Alors, elle rentre dans la claſſe

des langues ; & fon pouvoir eft fondé fur la force
& l'illufion des fignes. Mais, fous ce nouveau point
de vue, combien la Mufique n'eft-elle pas éloignée
de la perfection ! Que d'obftacles s'y oppofent !
Un enthoufiafme aveugle des artiftes, qui, trop
occupés de la fenfation du moment, ne réfléchiffent
pas au principe dont elle émane ; cette prévention
funefte, qui, donnant trop de confiance à la force
de l'art, en perpétue la foibleffe ; l'embarras de
reconftruire fur un plan régulier un fyftême monf-
trueux, mais confacré par l'ufage : telles font &
feront long-temps encore les difficultés qui arrête-
ront les progrès de l'art : ce n'eft que par une
marche lente, & une progreffion infenfible, qu'il
peut arriver à la perfection ; mais ce n'eft que la
connoiffance des vraies caufes des effets qu'il produit, qui peut lui découvrir le but, & l'y conduire.

Si l'on réfléchit fur les principes que nous venons
d'expofer, ne fera-t-on pas tenté de conclure avec
nous, qu'il n'eft point de meilleure Mufique que
celle que l'habitude & l'ufage ont confacrée ; que fes
perfections n'ayant dans la nature aucun modèle
déterminé, le goût feul a le droit de prononcer
fur fes beautés mobiles & fugitives.

Mais le goût eft-il autre chofe que la faculté de
demêler les convenances fondées fur les opinions

du moment, & la facilité d'en apprécier & rendre les nuances ? Qu'il s'étudie donc à les faifir, l'Artifte, qui ofe afpirer à la gloire de charmer fa nation ! qu'il fache defcendre jufqu'aux caprices même de fon fiècle, pour l'élever infenfiblement à la hauteur de fon propre génie ! mais qu'il n'oublie jamais que fes fuccès, brillans & légers comme fes accords, vont bientôt s'évanouir avec eux.

Je n'ofe cependant me flatter d'avoir détruit un préjugé fi cher au fentiment. Qu'une voix enchantereffe fe faffe entendre : le preftige va renaître ; & la raifon, de nouveau féduite, cédera, fans regret, au charme de l'illufion.

NOTES.

(NOTE Iere.)

Pag. 18. — *Les cris & les geftes......*

Ce feroit une erreur de penfer que notre déclamation & nos geftes foient ceux de la nature. La
déclamation tient évidemment au génie des langues:
nos geftes font foumis à une infinité de conventions
religieufes, métaphyfiques & morales, qui déna-
turent en nous la pantomime primitive. L'opinion
qui place les affections dans le cœur, les idées
dans le cerveau, la pitié dans les entrailles, les
Dieux fur nos têtes, les enfers fous nos pieds; toutes
ces opinions, dis-je, ont abfolument altéré le gefte
de la nature. Tranfportons nos meilleurs acteurs
dans un pays, où la religion ait établi les Dieux
au centre du globe; où les Démons, miniftres des
tempêtes, habitent le féjour du tonnerre; où l'ufage
du poignard foit inconnu; dans un pays, enfin, où
la réflexion paffe pour une opération du cœur, &
la tête pour le fiége de nos affections : ces mêmes

acteurs, dont un feul gefte nous glace d'effroi, dont un feul regard, un feul mot, nous font verfer des larmes, ne paroîtront plus que des perfonnages ridicules. C'eft ainfi que nous fommes modifiés par nos habitudes, dans ce qui nous femble l'expreffion la plus fimple & la plus naïve de nos fentimens. Certaines opinions font tellement naturalifées en nous, que nous ne daignons pas les examiner ; ne foupçonnant pas même qu'elles puiffent être des préjugés. Alors, jettant un coup d'œil de pitié fur les autres nations, qui s'avifent d'être d'une couleur différente de la nôtre, ou qui ofent ne pas chanter, danfer ou s'habiller comme nous, nous ne reffemblons pas mal à ce Marquis Français, qui, tranfporté à Londres, fe moquoit des Anglais, & leur trouvoit un air tout-à-fait étranger.

NOTE 2e.

Pag. 19. —— *que les premiers befoins de la fociété avoient déjà fait éclore.....*

Malgré le fentiment de quelques philofophes, j'ofe croire que le langage des chofes a dû précéder celui des affections. Il eft une infinité de manières d'exprimer, par le gefte, que l'ame eft affectée :

mais les objets des diverſes affeċtions deviennent d'autant plus difficiles à déſigner, qu'ils ſe multi-plient davantage. Ce fut donc l'objet, & non l'affeċtion, qu'il fallut d'abord nommer. Il eſt tant d'autres façons de dire, *je vous hais, je vous mépriſe, je vous aime !*.... Aujourd'hui même, le langage le plus expreſſif eſt un regard, & le ſilence.

NOTE 3ᵉ.

Pag. 20. — *ſous le nom commun de* Muſique...:

Par *Muſique*, les Anciens entendoient la réunion de preſque tous les arts. Il ſemble, d'après cela, que nos *Opéra* ne ſont pas abſolument d'invention moderne. Nous verrons plus bas comment la Muſi-que, devant la plus grande partie de ſon pouvoir à la Poéſie, parvint à ſe paſſer de ſon ſecours. Aujourd'hui, fille ingrate, elle oſe preſque inſul-ter à ſa mère : le Poëte eſt devenu l'eſclave du Muſicien. A la vérité, *ce qui ne vaut pas la peine d'être dit, on le chante :* mais vaut-il bien la peine de *dire* ce qui doit être chanté ? La Poéſie, étouffée par le bruit, eſt entièrement méconnue & dégradée. Il n'en étoit pas de même chez les Grecs : le Poëte y partageoit la gloire du Muſicien : la Poéſie

y confervoit fa nobleffe & fa dignité : les inftrumens, à l'uniffon de la voix, lui prêtoient de la
force, fans dénaturer fes accens. La Poéfie & la
Mufique étoient deux Graces, amies, quoique rivales,
qui brilloient enfemble, fans s'éclipfer.

NOTE 4e.

Pag. 22. — les fons particuliers qui le forment....

Si la néceffité d'accorder les inftrumens, rendit
indifpenfable de fixer irrévocablement le rapport
des fons entr'eux; l'idée de tranfmettre, par des
fignes, les diverfes inflexions de la voix, eût occa-
fionné bientôt cette révolution dans la Mufique.
Tant que le chant fe tranfmit par imitation, on
ne dut être affujetti à aucun intervalle déterminé;
mais il eût fallu néceffairement les fixer, lorfqu'on
auroit voulu que tel figne exprimât tel rapport
des fons. Sans cela, deux Muficiens, chantant la
même note, n'auroient pas été fûrs de rendre le
même air.

NOTE 5e.

Pag. 27.— & la nature par accens....

Qu'entend-on par chanter avec goût ? n'eft-ce
pas,

pas, souvent, suppléer à l'accent, que la Musique ne peut saisir, par des inflexions assez décidées pour être senties, & trop fines pour être évaluées en aliquotes de notre échelle ? N'est-ce pas, en partie, à ce *goût*, qu'un morceau de Musique doit son expression ? Cette expression n'appartient-elle pas plus à la sensibilité du Musicien, qu'à la suite des notes qu'il exécute. Sans cette sensibilité, qui constitue le *goût*, le morceau le plus pathétique reste sans chaleur & sans vie. Sans cette expression de *goût*, la mélodie ne seroit, le plus souvent, qu'une succession de cris désagréables.

N O T E 6ᵉ.

Pag. 38. — *L'effet du beau est de frapper....*

Un homme de génie (*) a dit que nous voyons tout en Dieu ; il eût été peut-être plus philosophique de dire que l'homme ne voit rien qu'en lui-même : c'est toujours sa force, son courage, son adresse, son génie, qu'il compare ; ce sont ses intérêts qu'il calcule : il s'établit la mesure commune de ce qui le frappe. C'est sous ce rapport,

----

(*) Le Père *Mallebranche.*

E

qu'il aime, qu'il hait, qu'il méprife, ou qu'il admire.

Le *beau*, dont l'effet eft d'attacher, ne peut donc exifter que dans un rapport d'intérêt entre l'homme & l'objet qui le frappe. Pour que ce rapport foit invariable, il faut que les deux termes, dont il eft formé, reftent les mêmes, ou proportionnellement les mêmes : fi l'un des deux vient à changer, le rapport varie néceffairement avec lui, & le *beau* s'évanouit.

Or, tout objet étant invariable, puifqu'il eft déterminé ; le rapport de l'objet à l'homme, qui conftitue le fentiment du *beau*, dépendra néceffairement des difpofitions variables ou invariables de chaque individu, qui forme le fecond terme du rapport.

Pour affigner le caractère du *beau* immuable, le problème fe réduit donc à chercher, dans la nature de l'homme, un fentiment général, autour duquel roulent & s'ordonnent toutes fes affections, dont toutes les paffions ne foient que le développement, & dans lequel elles fe réfolvent : ce fentiment eft l'amour de lui-même ; il tient effentiellement à fon exiftence, ou plutôt fon exiftence en eft réellement dépendante.

La faculté qui fe lie le plus immédiatement à

l'exiſtence de l'homme par la nature de ſes beſoins, eſt la *force*, qui le rend le maître des objets de ſon déſir. Elle eſt pour l'homme l'attribut le plus ſouverainement *utile* : ſans elle, ſon amour de lui-même ſeroit vain, & ſon exiſtence bientôt détruite. Le premier rapport ſous lequel l'homme ſe compare, eſt donc celui de la *force* : c'eſt du rapport de ſa *force* avec les objets de ſes beſoins, que naît en lui le premier ſentiment d'eſpérance, de plaiſir ou de douleur. Placée, pour ainſi dire, entre lui & la choſe qu'il déſire, elle devient l'arbitre de ſes jouiſſances ; & le ſentiment de ſa *force* eſt ainſi pour l'homme la meſure du bonheur.

La *force* doit donc être le premier objet de ſon ambition ; par-tout il doit en rechercher, chérir & reſpecter l'empreinte ; elle doit devenir le premier motif de ſes *préférences* ; ſes effets devront toujours le frapper & l'attacher par leur rapport avec ſon bonheur. Elle formera donc le premier & immuable caractère du *beau*. Elle en ſera la meſure ; car le *beau* eſt ce qui frappe, ce qui attache, & ce que l'on préfère. Mais cette meſure eſt elle-même relative. La *force* n'eſt rien d'abſolu, & n'exprime qu'un rapport. L'enfant le plus fort eſt foible auprès d'un athléte. D'où il ſuit que, quoique chez tous les hommes le ſentiment du *beau* foit fondé fur le même principe, on ne fauroit en conclure qu'ils doivent trouver *beaux* les mêmes objets.

Cependant, par la nature bornée de l'homme, il exifte pour lui un *maximum* de *force* : tout ce qui fuppofera un effort au-deffus de ce *maximum*, fera jugé *beau* par tous les hommes. Tels feront les phénomènes de la nature.

Le *beau* étant pour nous un rapport de *force*, le fentiment du *beau* peut naître également, dans l'homme, de l'ignorance de fes forces, & du fentiment de fa foibleffe. L'ignorant & l'homme éclairé trouvent tout *beau*; l'un, parce qu'il ne connoît pas l'étendue de fa puiffance; l'autre, parce que, chaque jour, il en voit clairement les bornes. Mais l'un *s'étonne*, & l'autre *admire*. L'étonnement & l'*admiration* forment donc deux nuances diftinctes dans le *beau*; & le fentiment en eft d'autant plus vif, que ces deux nuances fe confondent, & entrent dans l'impreffion que l'objet fait fur nous.

La nature a lié tous les êtres fenfibles à l'exiftence par le plaifir, & au plaifir par les befoins. Nous avons vu que la *force* en étoit le moyen; & le fentiment de cette *force*, la mefure du bonheur. La fociété, confidérée comme un individu fenfible, verra donc également fon bonheur dans fa force;

comme l'homme, elle en aimera, recherchera &
préférera les monumens, ou du moins elle fe plaira
dans le fentiment qu'ils excitent.

Mais, pour la fociété, le mot *force* devient
puiffance; celle-ci doit fe prendre pour l'enfemble
des qualités avantageufes au bonheur de la *fociété*,
dans l'ordre de leur fubordination. Ici le *beau* s'é-
tend, & fe complique. Relatif au degré d'eftime
que les nations accordent aux diverfes facultés de
l'homme, il doit varier, non dans fa notion abf-
traite, mais dans fon rapport avec les mêmes objets;
parce que tous ne font pas, dans tous les lieux,
également ennoblis par l'opinion.

La préférence fe portera donc néceffairement fur
les qualités, qui, jouiffant dans la fociété du plus
haut degré d'éftime, promettront à celui qui les
poffède la plus grande fomme de bonheur. Elles
deviendront l'objet de l'ambition : l'homme ne
voudra plus encenfer que les idoles chéries de fon
cœur ; & l'idée effentielle de *force*, circonfcrite
dans un certain nombre de qualités qu'il eftime,
déterminera le domaine du *beau*.

Ainfi, chez une nation, où la civilifation eft
portée au plus haut point, où la *puiffance* naît
plus de l'*art* qui enchaîne les intérêts, que de la
force qui les défend; chez laquelle l'art & le génie font

tout, & la force ou l'adreſſe preſque rien , on admirera le génie de l'architecte , qui , par des coupes hardies & ſavantes , enchaîne & ſuſpend dans les airs des maſſes énormes , ſans ſonger aux bras vigoureux qui les ont élevées. Ces monumens fameux de la population d'un vaſte empire , ces pyramides , qui atteſtent la puiſſance des anciens Rois de l'Égipte , feront *belles* pour des peuples groſſiers : cependant la *puiſſance* la plus eſtimée des peuples civiliſés , celle du génie , ne s'y montre pas ; elles étonnent le voyageur éclairé , mais il ne peut les admirer.

Il eſt cependant un *beau* commun à toutes les nations , c'eſt celui qui ſe déduit du beſoin commun à toutes les ſociétés.

La ſociété ayant par-tout le même but , celui de réunir des hommes , a dû ſe fonder ſur des prin- cipes généraux , invariables , & déterminés comme le but qu'elle ſe propoſe. Les loix , qui ſont les expreſſions des premiers beſoins de la ſociété , ſont donc immuables : tels ſont les préceptes de la loi naturelle.

Or , ces loix exigent que chaque individu ſe dépouille d'une partie de lui-même pour l'intérêt commun : de cet effort naît la vertu , c'eſt-à-dire , le *beau moral.* La ſociété ſe diviſant en peuples , nations, &c.; chacune fe gouvernant d'après fes lumières, il a dû exifter des *vertus politiques*, relatives à l'efprit de chaque gouvernement : de-là le *beau politique*.

Mais chaque gouvernement, fous ce point de vue, ayant pour befoin commun, celui de fe défendre, le mépris de la vie aura dû être admiré par toutes les fociétés en corps de nation. De-là il fuit que tout facrifice fait à l'amitié, à l'amour paternel, &c., fera trouvé *beau* par-tout, comme tenant aux principes généraux de fociabilité. Le courage, le dévouement à la patrie, le mépris de la mort, de la fortune, &c., feront trouvés généralement *beaux*, comme étant le fondement de toute fociété, fous forme de nation. Quant à quelques-autres *vertus politiques*, elles ne feront *belles* que dans l'enceinte des frontières. Chez une nation belliqueufe, il eft *beau* de venger une injure : chez un peuple doux & pacifique, il eft *beau* de la pardonner. Mais *Cornélie*, expofant fa liberté pour allaiter fon père dans les fers ; mais *Decius*, s'immolant pour le falut de Rome, feront admirés de toutes les nations.

Sous quelque forme que le *beau* fe préfente à nous, nous reconnoîtrons donc l'idéo fondamentale de *force* appliquée à tout objet, qui, par l'intérêt qu'il infpire, eft digne de fixer l'attention

des hommes. Nous verrons toutes les nations civi‑
lifées rechercher, dans les arts, l'empreinte du
génie, parce que le génie eft le fouverain de
l'univers, & la plus puiffante des facultés des
hommes réunis en fociété. La richeffe, la nobleffe,
la grandeur, ne brilleront que de l'éclat qu'elles lui
doivent : mais c'eft toujours l'idée, plus ou moins
développée, de *force* & de *puiffance*, qui fera le
caractère du *beau*. Il n'exiftera pour nous que par
le fentiment de la difficulté vaincue.

De ces principes il fuit, 1°. que le *beau* n'eft
point dans les objets ; & que ce n'eft pas dans le
jufte rapport de chaque partie avec le tout, qu'il faut
en chercher l'unique fource : ce n'eft encore là que
le *bon*.

2°. Que, dans l'amour de l'homme pour le *beau*,
il ne faut pas confondre l'objet avec le fentiment.
Nous pouvons nous plaire dans l'admiration, fans
en aimer la caufe ; rien de plus redouté que les
tempêtes, les volcans, les incendies, & toutes les
convulfions de la nature ; & cependant rien de plus
beau ! on tourne la tête, en les fuyant : on aime
le *beau* comme la *gloire ;* on le pourfuit au travers
des dangers.

3°. Que fi la *richeffe* & *l'éclat* entrent quelquefois
dans le fentiment du *beau*, c'eft parce que l'un &

l'autre accompagnent la *puiſſance*, & en ſont preſque toujours les ſignes.

4°. Que s'il eſt difficile de créer le *beau* dans les
arts, ce n'eſt que parce que l'on n'a appellé *beau*
que le *difficile*.

5°. On appelle ſouvent *beau* le *rare*, parce que
l'on ſuppoſe que la *rareté* des objets ne provient
que des difficultés qui s'oppoſent à leur production.
D'ailleurs de la *rareté* du *beau*, on a conclu à la
beauté du *rare*, par l'habitude qui, aſſociant ces deux
idées, réveille l'une par l'autre.

6°. Que ſi l'homme a dû rechercher dans ſa com-
pagne les proportions, qui, ſur des analogies vraies
ou fauſſes, lui promettoient les qualités propres à
faire ſon bonheur, leur enſemble n'aura été encore
que *bon*; il l'aura jugé *beau*, lorſque la *rareté* de
ces enſembles lui aura fait ſoupçonner que la nature
avoit quelques difficultés à vaincre pour les produire. Auſſi eſt-il vrai que ſi toutes les femmes étoient
également *belles*, elles ne ſeroient plus qu'également
ment *bonnes*.

7°. Que le *beau*, dans les productions des arts,
n'exiſte que pour ceux qui en apprécient les difficultés. Que le *facile*, le *naturel*, ne produiſent ſur
le commun des hommes que du plaiſir ſans admiration. Des vers faciles & doux ſont agréables pour

le public qui les écoute : le Poëte les trouve *beaux*, & les admire, parce qu'il fent tout ce qu'ils ont dû coûter.

8°. Que, s'il eſt des fens qui n'aient point leur *beau*, c'eſt que le génie ne peut faire rien pour eux. Les combinaiſons qui nous donnent une odeur agréable, une faveur exquiſe, ne font que le réſultat du tatonnement : les méditations les plus profondes, les plus grands efforts du génie ne ſauroient prévoir ni calculer les effets d'un mêlange : les odeurs ou faveurs, qui en réſultent, pourront donc être trouvées agréables, mais jamais *belles* ; l'eſprit ne ſauroit s'y faire une idée de difficulté vaincue : d'ailleurs, les fens, étrangers aux grandes paſſions qui meuvent les ſociétés, ne font pas aſſez ennoblis par l'opinion, qui quelquefois même les flétrit.

9°. En un mot, on peut comparer le *beau* à un arbre immenſe ; le *cœur humain* eſt le ſol où il prend naiſſance ; le *bon* & l'*utile* en font les racines ; la *puiſſance* forme le tronc ; l *richeſſe*, la *grandeur*, l'*éclat*, la *nobleſſe*, la *décence*, &c., en font les branches.

10°. Que les philoſophes, dont l'un a vu le *beau* dans l'*utile* ; & l'autre, tour-à-tour, dans la *force*, la *richeſſe*, l'*intelligence*, &c. n'avoient qu'un pas de plus à faire pour ſe rencontrer : l'un a pris l'arbre par les racines ; l'autre, par les branches ; l'un s'eft arrêté trop bas ; l'autre, trop haut,

N O T E 7e.

Pag. 39. — *la mélodie naît de l'harmonie....*

» 1°. Qu'entend-on par ce principe fi légérement avancé, que l'*harmonie engendre la mélodie ?* Des Muficiens de bonne foi avouent ne pas l'entendre ; & j'ignore fi ceux qui l'ont adopté le voyoient d'une manière plus précife & plus claire. L'harmonie eft un compofé de plufieurs fons fimultanés ; la mélodie, au contraire, confifte en des fons fucceffifs : d'après cela, comment des fons fimultanés engendreront-ils des fons fucceffifs ? Si l'on me dit que l'*ut* de la baffe fondamentale donne *mi* & *fol* pour les autres parties, comment indiquera-t-il les notes qui devront fuivre mi & fol ; ou, ce qui revient au même, former un chant, une mélodie ? Ces nouveaux fons feront engendrés, me dira-t-on, par de nouvelles baffes fondamentales : mais la feule baffe fondamentale, *fol*, *ut*, peut fervir à une infinité de chants divers. Voyez combien cette génération eft arbitraire !

2°. Le fyftème de M. *Rameau* explique fi peu la formation de l'échelle du mode mineur, que cette échelle eft diverfement graduée en France & en

Italie; tout le monde fait que la fixte de la tonique étoit majeure chez nos anciens auteurs, tandis qu'elle eſt mineure chez tous les grands maîtres de l'Italie. Croient-ils même fortir du mode mineur de *la*, lorſque, dans l'accord de fixte fuperflue, ils emploient le *re* dièze, accompagné par un *fa* naturel? Je voudrois bien favoir comment ce *fa* peut engendrer un pareil intervalle? Enfin, le mode mineur paroît fi fort devoir fon exiſtence à l'art, que toutes les perfonnes qui ne font pas encore bien familiariſées avec notre chant muſical, éloignent conſtamment d'un ton la fenſible de la tonique, lors même qu'elles montent de la première de ces notes fur la feconde. La plupart des airs de plain-chant que nous rapportons à notre mode mineur, font ainſi conſtruits. Je prie les Muſiciens de bonne foi de s'aſſurer de la vérité de ces faits. »

Parlez, chantez, danfez, a femblé dire la nature à tous les hommes réunis en fociété : mais c'eſt une permiſſion qu'elle leur donne, & non une loi qu'elle leur impofe. *Chante*, *parle*, & *danfe* qui *veut* ou qui *peut* ; mais toujours comme il *veut* ou comme il *peut* : il n'eſt ni Grammaire, ni Muſique, ni Danfe de la nature. En un mot, notre muſique & notre mélodie font, dans la nature, comme l'italien, le français, le menuet & le pas de rigodon. Et, de ce qu'il eſt naturel à l'homme de chanter, on ne doit pas conclure qu'il ſoit plus aſſujetti à chanter de telle manière, qu'à parler tel langage, ou à former tels ou tels autres pas en danſant.

N O T E 8e.

Pag. 41. —— *le rapport que nous appercevons entre nos ſenſations.....*

Suivons la plupart des opinions qui ont ſervi de baſe à nos ſyſtêmes ; en examinant ſur quels fondemens elles portent, on ſe convaincra combien on doit être en garde contre cette eſpèce d'évidence qu'on pourroit rapporter à l'inſtinct.

Nous avons affirmé long-temps, & nous penſons encore que la communication du mouvement ne peut avoir lieu que par le choc. Ces deux idées, de choc & de communication, ſont tellement liées dans notre eſprit par leur ſimultanéité, que c'eſt inutilement que nous cherchons à les ſéparer ; de manière que là où le mouvement ne ſe manifeſte pas par le choc, nous ne pouvons nous empêcher de le ſuppoſer : &, pour cela, il ne nous en coûte rien de créer un fluide de plus. D'après cela, ſans doute, on ſoupçonneroit que nous appercevons quelque rapport entre le choc & le mouvement communiqué : point du tout. On ne conçoit rien à l'acte par lequel le mouvement passe du corps choquant dans le corps choqué.

C'est donc l'habitude de voir le mouvement se transmettre par le choc, qui fait toute la difficulté que nous éprouvons à séparer ces deux idées. Mais supposons, ce qui est très-possible, un homme qui n'eût jamais vu d'autres phénomènes de mouvement que la chûte des corps graves, les merveilles de l'aimant, quelques expériences de l'électricité, &c. on ne peut douter que notre principe, *qu'il n'est pas de mouvement sans impulsion*, ne se fût changé en celui-ci, tout aussi évident pour lui, *il n'est pas de mouvement sans attraction*; conclusion d'autant plus légitime, qu'il n'eût été témoin d'aucun phénomène qui eût pu lui laisser le moindre doute. Alors il eût rejetté l'*impulsion*, qu'il n'eût pu concevoir, & l'auroit réléguée avec les qualités occultes. Forcé de reconnoitre un accord entre le choc & la communication du mouvement dans les phénomènes qui déformais se seroient présentés à lui, il n'auroit pas manqué de le supposer l'effet d'une *attraction* déguisée. Munis de ces deux principes contradictoires, deux philosophes, chacun dans son opinion, n'en feront pas moins un beau système de l'univers. Mais, qu'après avoir disposé des mondes à leur gré, ils daignent revenir sur la terre, & qu'ils s'avisent,

quoique un peu tard, d'examiner quel eſt, en eux
& dans tous les animaux, le principe du mouvement:
ils conviendront que ," du particulier au général,
il ne faut rien conclure en bonne logique ; & que
la nature, féconde en ſes moyens, peut à ſon gré
varier ſes loix, & ſe jouer du philoſophe.

Nos principes de métaphyſique n'étant qu'une
généraliſation, ſi je puis le dire ainſi, plus étendue
de nos principes phyſiques, ſont ſujets aux mêmes
reproches. Prétendre, en effet, qu'*il n'eſt rien
ſans une cauſe*, c'eſt dire, quoiqu'à la vérité,
plus généralement, qu'*il n'eſt pas de mouvement
ſans moteur.* En un mot, voici le développement
de cet axiome de métaphyſique.

Nous n'avons jamais vu d'horloge qui n'ait été faite
par un horloger ; point de maiſon qui n'ait été bâtie
par un architecte ; point de mouvement dans un
corps, ſans communication apparente ou ſupppoſée:
donc tout a ſa cauſe. On voit ici, que le rapport de
la cauſe à l'effet ne tient qu'à la ſimultanéité dont
nous avons parlé ; & que la concluſion, *donc il n'eſt
rien ſans une cauſe*, n'eſt que le réſultat de ce rai-
ſonnement : Nous n'avons jamais vu les choſes
autrément ; donc elles ſont toujours & en tout de
même.

On ne doit donc pas être ſurpris qu'un tel principe

ne conduife à rien, ou qu'après nous avoir promenés dans un enchaînement à l'infini, il nous laiffe préciſément au même point d'où nous fommes partis. On connoît ces machines dont le moteur eſt un homme renfermé dans une vaſte roue qui tourne ſous ſes pas : il a eu l'air de monter, toute la journée ; la nuit le retrouve exactement à ſon premier niveau, qu'il n'a jamais perdu. Telle eſt l'image de la Philoſophie & du Philoſophe, qui s'appule ſur des principes pareils à celui que nous avons développé. Concluons donc que chaque ordre de connoiſſances a ſes élémens particuliers; & qu'il eſt dangereux de porter, en métaphyſique, des principes de méchanique dont la probabilité eſt ſuffiſante pour établir quelques vérités pratiques & d'analogie, mais qui ne doivent qu'au pouvoir de l'habitude l'évidence dont ils font pour nous.

NOTE 9e.

Pag. 48. —— *le plus parfaitement imité....*

A l'ombre d'un bois, livré à mes rêveries, j'entendois le chant dialogué de deux roſſignols : mon ame s'ouvroit aux plus douces émotions : des larmes d'attendriſſement humectoient mes paupières. Ce concert agreſte avoit mille fois plus de charmes pour moi, que les plus brillantes compoſitions de l'art.

l'art. Un bruit léger m'arrache à moi-même : je me retourne, & vois deux bergers qui, dans cette scène champêtre , joüoient le rôle de roffignol. Auffi-tôt mon cœur dilaté fe referme : je n'entends plus qu'un bruit fatigant ; je me lève avec humeur , & vais chercher plus loin un afyle contre ces modulations importunes.

N O T E 10ᵉ.

Pag. 55. — *de fortifier l'efprit national....*

C'eft fous ce point de vue, qu'il convient d'envifager les encouragemens que l'État donne fouvent aux artiftes pour les progrès de l'art. Tel officier qui murmure d'une penfion accordée à un Poëte ou à un Muficien, eft bien loin de fe douter qu'il doit peut-être à l'un ou à l'autre fa valeur & fa gloire. En expofant fa vie , il n'a fourni qu'un homme à la patrie ; telle fcène de *Corneille* a pû lui en donner mille. L'opinion eft la reine du monde ; & le génie eft le maître de l'opinion. Les beaux-arts , enfans du génie , ont le plus grand empire fur les paffions des hommes ; ils donnent de l'énergie à la force , & de la force à la foibleffe : par eux, un poltron devient foldat ; & le foldat un

F

héros. Il est tel brave qui n'a dû son courage qu'au tambour qui bat à la tête de son régiment. Un grand acteur, une excellente pièce de théâtre ont peut-être plus influé sur le gain d'une bataille, que le guerrier qui en est revenu couvert de blessures. Mais une nation ne punit, ni ne récompense ; elle intimide , ou encourage. L'artiste disparoît à ses yeux ; elle n'apprécie que l'art, qui ne peut exister que par lui.

FIN.

www.ingramcontent.com/pod-product-compliance
Ingram Content Group UK Ltd.
Pitfield, Milton Keynes, MK11 3LW, UK
UKHW021434090726
13657UKWH00003B/1086